AF349650

A Madame et Monsieur Jean MONTEIL
en hommage

LE MARQUIS de KERLOR

OU :

La Faute du Passé

PIÈCE EN UN ACTE

DE

NIKOLA & HOUSSAT-BORDANAVE

PERSONNAGES :

MAURICE	*Le Mari*
GERMAINE. . . .	*La Femme*
DE KERLOR . . .	*Le Père*
CHARLES	*Le Domestique*

Société des AUTEURS, COMPOSITEURS, & ÉDITEURS de Musique

Chaptal, — PARIS

Tous droits de reproduction, de traduction et d'arrangement
réservés pour tous Pays

LE MARQUIS DE KERLOR

La Scène représente un salon luxueux.

SCÈNE I

Germaine assise, en matinée, paraît songeuse (seule en scène)

Germaine

Pourquoi donc de tels souvenirs, viennent-ils en ce lendemain de bonheur, assombrir encore ma vie ?

A ce moment, paraît par la porte, Maurice, son mari, qui marche sur la pointe des pieds pour la surprendre. En entendant cette phrase, il s'arrête étonné, prêtant l'oreille.

Germaine, *continuant*

Mon cher Maurice, mon mari bien-aimé, serait attristé de me savoir ainsi.

Maurice, *s'approchant et l'interrompant,*

En effet, chère amie, je suis étonné de vous trouver toute pensive.

Germaine paraît contrariée de s'être laissée surprendre

Germaine

Vous étiez là ? méchant, ce n'est pas bien de venir en tapinois pour surprendre sa femme : Monsieur mon mari, je vais vous bouder pendant huit jours.

Maurice

Huit jours seulement ? Pourquoi ne pas me mettre en quarantaine ?

Germaine

Puisque vous ne redoutez pas la fâcherie, je vous promets que je tiendrai mon serment.

Maurice

J'accepte, mais à la condition, de pouvoir vous dire chaque jour que je vous aime davantage.

Germaine

Est-ce bien vrai, mon cher Maurice ?

Maurice

Pouvez-vous en douter ? (*Il s'approche tendrement de Germaine.*)

Germaine

Oh ! ce serait de ma part une trop mauvaise pensée.

Maurice

Alors... (*L'embrassant sur les cheveux.*) On ne boude plus ?

Germaine

Non, mais ne me taquinez pas ainsi.

Maurice

Je badine !... hou !... les vilains yeux !... Voulez-vous vite reprendre ce regard si charmeur que j'aime tant, vous savez ce que nous a dit M. le Maire hier en nous unissant : « La femme doit...

Germaine, *l'interrompant*

Obéissance à son mari,... oui, mais quand il est gentil avec sa femme.

Maurice

Ne suis-je donc pas...

Germaine

Gentil ?... nullement, puisque vous continuez à me taquiner.

Maurice

Allons, j'ai tort ; accordez-moi votre pardon... (*Il s'incline devant elle.*)

Germaine, *lui tendant le front*

Avec joie !...

Maurice, *l'embrassant et redevenant sérieux*

A propos, j'ai une surprise à vous annoncer.

Germaine

Ah ! laquelle ?

Maurice

Je viens de recevoir une dépêche de M. de Kerlor mon père, m'annonçant son arrivée en France. J'espère qu'il se trouvera parmi nous d'un moment à l'autre. (*Regardant sa femme qui paraît pensive.*) Mais, qu'avez-vous Germaine, vous paraissez triste, est-ce que cette nouvelle vous chagrinerait ?

Germaine

Pouvez-vous croire cela ? Ne faites pas attention, depuis quelques jours je me sens toute drôle.

Maurice

Avez-vous une raison qui puisse motiver cette tristesse ?

Germaine

Pour ainsi dire, non, mais d'un autre côté, oui !

Maurice

Vraiment, je ne comprends pas. (*Il s'assied.*)

Germaine

Eh bien voici : non, parce que je ne devrais pas être triste, puisqu'un seul amour m'attachait à la vie, c'était le vôtre, et mon vœu est exaucé.

Maurice

Et pourquoi oui ?

Germaine, *gênée*

Maurice, me pardonnerez-vous d'avoir été cachottière envers vous, si loyal, si grand ?

Maurice, *faisant la moue*

Je ne vois pas en quoi, j'ai pu mériter de tels éloges.

Germaine

Oui, j'ai bien dit : loyal, grand, et j'ajouterai même, généreux, car, cher Maurice, votre geste pour moi fut d'un désintéressement magnifique en considérant le rang auquel vous appartenez.

Maurice

En quoi voyez-vous, mon aimée, que je mérite toutes ces charmantes appellations ? Si c'est parce que j'ai choisi l'amour avant la dot, la femme aimée avant l'union intéressée, avouez, qu'il n'y a rien d'extraordinaire.

Germaine

Parmi le peuple, cela passerait totalement inaperçu, mais dans la haute société, le nom et l'argent, priment avant tout.

Ici-bas, pour le fortuné, pour celui qui porte un nom qu'une lignée d'ancêtres a glorifié sur les champs de bataille, c'est se mésallier que d'unir son cœur à une jeune fille inconnue... (*Avec beaucoup d'efforts.*) A une...

Maurice, *triste*

A une ?...

Germaine, *des sanglots dans la voix*

A une... bâtarde !...

Maurice

Quel vilain mot. (*S'empressant tendrement vers elle.*) Pourquoi gâter ce second jour de félicité par de si fâcheuses idées. (*Lui essuyant les yeux.*) Pauvre chérie, vous ne pouvez croire le chagrin que vous me faites, en vous montrant si sensible. Comme je vous l'ai déjà dit, ne vous inquiétez jamais de savoir si notre mariage convient ou ne convient pas à notre entourage. L'essentiel, est que vous m'aimiez autant que je vous adore ; à notre époque, les préjugés ne tiennent plus sur rien. L'argent ne fait pas le bonheur ; d'ailleurs, croyez-vous que la fortune de certains soit le fruit d'une honorabilité parfaite ? Bien de grandes familles ont accumulé des millions non du fait de leur intellect, mais par la lâcheté, ou soit en exploitant le cerveau et le travail de l'ouvrier.

D'autres ont un nom, une couronne, c'est vrai, mais soyez convaincue qu'après cette affreuse guerre dont l'Europe a été le théâtre : l'humble poilu, le modeste artisan, le loqueteux de la veille, posséderont un titre plus noble que tous nos blasons, un titre qu'ils auront le droit de revendiquer, car ils l'auront conquis de leur sang : « C'est celui de Héros !...

Sur les champs de bataille, il n'existe aucune caste, le noble coudoie l'enfant de l'Assistance publique ; partageant les mêmes dangers, ils n'ont qu'un but, c'est celui de se tendre la main pour sauvegarder l'honneur du Drapeau, défendre le sol sacré, en s'instituant frères d'armes !

Germaine

C'est très juste tout cela, mais croyez-vous que votre père, dans ses différentes lettres, partageait vos sentiments au sujet de notre mariage ? Il a fallu que vous prétendiez ignorer depuis de longues années sa résidence à l'étranger pour que notre union se fasse sans son consentement. En outre, je crois qu'il espérait arriver à temps pour retirer de votre cœur l'amour que vous avez pour moi.

Maurice

Chassez cette conviction, mon père n'a plus que moi sur terre, et il est trop bon, pour avoir eu de telles idées à mon égard, mon bonheur pour lui est le sien, et vous jugerez par vous-même que vous vous causez de la peine bien inutilement.

Germaine

Mon adoré, vous me donnez le rayon de soleil dont mon âme a besoin. Maintenant, ne m'interrompez pas, je vous dois une confession.

Maurice, *souriant*

Oh... mais je vous absouds d'avance !

Germaine

Je vous ai dit que ma mère, fut odieusement trompée par celui qui se disait son fiancé et qui, n'attendit que l'instant où elle devint mère pour l'abandonner à jamais. Je me suis toujours abstenue de vous en parler. Je vous affirmais tout ignorer sur ma naissance, sur la situation qu'il occupait, eh bien ! je vous ai menti, et ne voulant plus rien cacher, je vous demande encore pardon de ce manque de confiance.

Maurice, *l'embrassant*

Recevez mon absolution.

Germaine

Lorsque ma mère fit sa connaissance, il sortait de l'Ecole navale de Brest.

Maurice, *étonné*

Tiens ? c'est drôle, le mien aussi y a fait son stage, c'est étrange !... Quel âge pourrait-il avoir ?

Germaine

Environ dans les cinquante ans.

Maurice

Il est plus que probable que mon père l'a connu, savez-vous son nom ?

Germaine

Oui !... mais d'après ce que supposait ma mère, ce n'était pas le vrai.

Maurice

Pourtant, rien ne l'obligeait à le déguiser.

Germaine

Je ne sais, mais... il se faisait appeler « LOUIS DE ROL-REK ».

Maurice

Louis de Rolrek (*cherchant*), mon père ne m'a jamais

parlé d'un de ses amis portant ce nom, continuez, chère, en tout cas, je tâcherai dès son arrivée, de savoir ce que ce triste sire est devenu, car, il me paraît probable, en rapprochant certaines dates, qu'il doit l'avoir connu.

Germaine

C'est possible, au fait, j'ai un portrait de lui étant jeune...

Maurice

Montrez ?

Germaine

Je vais le chercher.

Maurice

Je vous en prie ; (*Germaine sort.*)

Maurice, *seul*

Je mettrais ma tête à parier, que mon père me donnera des renseignements précieux sur ce LOUIS DE ROLREK, surtout que je pourrai, par le portrait que possède Germaine, lui raviver ses souvenirs de jeunesse. (*Au même moment, on frappe, le domestique entre, et annonce :*)

Charles

Monsieur le Marquis de Kerlor !

SCÉNE III

De Kerlor et Maurice

Maurice, *s'élançant vers son père*

Quelle joie, cher père !

De Kerlor

Mon fils ! (*Effusion.*)

Maurice, *à Charles*

Charles, débarrassez mon père, s'il-vous-plaît ! (*Le domestique débarrasse M. de Kerlor et quitte la scène.*)

De Kerlor

Maurice, je ne te reconnais plus. Depuis quand un de

Kerlor emploie-t-il la formule « *s'il-vous-plaît* » avec les domestiques ? Tu oublies les principes.

Maurice, *poli, mais très franchement*

Depuis que la guerre nous a prouvé, une fois de plus, que tous les hommes sont égaux.

De Kerlor, *à part, pincé*

Quel mordant !... (*Haut.*) A propos, as-tu reçu mon télégramme ?...

Maurice

Oui père, et j'ai été très heureux de vous annoncer...

De Kerlor

A qui ?

Maurice

Vous ne devinez pas ?

De Kerlor

Je ne vois pas, à moins que... (*raillant,*) ça ne soit à la jeune fille dont tu m'as causé maintes fois dans ta correspondance. Entre nous, au moins, tu n'as pas pris au sérieux cette éclosion d'amour qui n'était qu'une folie de jeunesse, comme si un de Kerlor pouvait donner son nom à une femme qui ne possède ni titre, ni dot.

Maurice, *ennuyé*

Je dois vous avouer...

De Kerlor

Que tu as reconnu la logique de mes observations et que tout s'est bien terminé.

Maurice, *sec*

On ne peut mieux, vous allez en juger :

De Kerlor

Inutile... Je connais le cliché, après avoir fait compren-

II

dre à la demoiselle l'impossibilité d'une telle union, il y
a eu, pleurs et grincements de dents, suivis de crise de
nerfs ; et, miraculeusement calmée par l'abandon de quelques milliers de francs, tu t'en es débarrassé. Je n'aurai
donc plus le cauchemar de te voir uni à une péronnelle.

Maurice

Je regrette d'attirer votre courroux, mais je suis marié
avec elle depuis hier.

De Kerlor, *sursautant,*

C'est fou ! tu as donné notre nom à cette fille ? (*Levant
le poing.*) Mais ce mariage est nul, mon consentement fait
défaut.

Maurice

J'ai pu démontrer que j'ignorais dans quel pays vous
vous trouviez, j'avoue avoir agi par ruse...

De Kerlor

Misérable enfant ! puisque vous n'avez pas craint de
salir le nom des de Kerlor, par une mésalliance, je pars,
et ne vous connais plus !

Maurice

Monsieur de Kerlor, j'accepte votre décision. Vous me
reniez, soit, j'endurerai tout, peu m'importe, mais permettez-moi de vous dire que, si dans notre monde il n'y avait
pas tant de larrons d'honneur, il y aurait moins de mal-
heureuses sans nom.

De Kerlor

Quelle est cette tirade, vous croyez m'influencer par ce
flux de paroles, détrompez-vous, je ne suis pas dupe de
cette comédie. (*Ironique.*) Dans notre monde, apprenez qu'il
n'existe pas de larrons, nous avons l'orgueil du nom et
le culte de l'honneur, c'est tout...

Maurice

Un dernier mot, père...

De Kerlor

Parle, mais sois bref.

Maurice

Avez-vous connu Louis de Rolrek, à l'époque de votre stage à l'Ecole navale de Brest ?

De Kerlor, *surpris*

Comment dis-tu, Louis de Rolrek ? (*A part, avec émotion.*) Comment sait-il ?... (*Cherchant.*) Louis de Rolrek ?

Maurice, *à part*

Quelle pâleur... Il l'a connu.

De Kerlor

J'ai beau chercher, fouiller dans mes souvenirs, non, je ie vois pas, (*Embarrassé.*) Pourquoi me demandes-tu cela ?...

Maurice, *qui a remarquer cette émotion*

C'est un renseignement qui m'intéresse particulièrement, aussi aurais-je été très heureux, si vous aviez pu me donner quelques éclaircissements sur cet individu.

De Kerlor

Individu !... (*Se reprenant.*) Quel langage as-tu Maurice, je ne te reconnais plus.

Maurice

Je ne vois pas en quoi cela peut vous choquer à ce point, si je traite ainsi ce Louis de Rolrek, puisque vous ne le connaissez pas.

De Kerlor

Pourtant, en réfléchissant, il me semble avoir entendu parler de... (*Une porte s'ouvre, Germaine paraît, tenant une enveloppe contenant le portrait.*)

Germaine

Pardonnez-moi, Maurice (*saluant de Kerlor*) si je vous dérange.

De Kerlor, *dévisageant Germaine*

(*A part.*) Les traits de cette jeune femme ne me sont pas

inconnus. (*Demandant à Maurice.*) Madame de Kerlor ?...

Maurice

Oui, mon père, permettez-moi de vous la présenter. (*Il présente Germaine la tenant par la main.*)

De Kerlor

(*Saluant froidement.*) Madame !

Germaine

(*Gênée, saluant M. de Kerlor.*) *Monsieur !* (*A Maurice.*) Voici le portrait. Je vous laisse. (*Elle quitte la scène, saluant de nouveau de Kerlor.*)

Maurice

Il ouvre l'enveloppe et reste pétrifié de la personne qu'il vient de reconnaître... Se tournant vers son père, il s'écrie : Mon père ! (*En sanglotant.*) C'était mon père !...

De Kerlor

Que veux-tu dire ?...

Maurice

(*A part, cherchant :*) Rol... rek, retourné, fait ? (*Il épèle.*) Ker... lor !...
(*Puis s'avançant gravement vers son père.*) Regardez... reconnaissez-vous Louis de Rol... rek ?...

De Kerlor

(*Se penchant vers son fils, et stupéfait de se reconnaître dans le portrait, s'écrie affolé.*) Mon portrait à 20 ans ! Comment se fait-il ?...

Maurice

(*Le regardant dans les yeux.*) Il se fait que la fille sans nom, à qui j'ai donné le mien, n'est autre que l'enfant naturelle de Louis de Rolrek, ou, pour mieux dire, du Marquis de Kerlor, dont voici la photographie à 20 ans.

De Kerlor

(*Anéanti, se laissant choir et se tenant le front.*) Ta femme, mon fils !... (*Suffoquant.*) Serait ma fil... ? mon

Dieu ! (*Se remettant peu à peu.*) La fille de Louis... de Rolrek... (*Cynique.*) C'est bien possible, mais je ne sais ce que cela veut dire.

Maurice

(*Menaçant.*) Cette comédie, M. de Kerlor, est infâme, après avoir lâchement délaissé la mère, vous reniez votre enfant, prenez garde, il y a la justice immanente, le destin est implacable pour ceux qui agissent de la sorte. Vous prétendez ne pas connaître Louis de Rolrek, quand il suffit de retourner ce nom pour retrouver celui de Kerlor, souillé à tout jamais.

(*Avec hauteur.*) Osez, après cette preuve, prétendre ne rien savoir...

Vous pouvez vous targuer d'un point d'honneur de race il a fallu que ce soit votre fils qui rende (*avec désespoir*), à... sa... sœur, ce que son père lui avait interdit, volé plutôt, puisqu'elle est une de Kerlor !

....

Pendant toute cette scène, le père n'ose lever les yeux sur Maurice.

De Kerlor

(*Humble, à Maurice.*) Maurice, je suis un grand coupable, j'ai brisé, par une faute de jeunesse, ta vie, mais, si tu veux, tout peut se réparer, qu'elle ignore toujours, je lui dirai là, devant toi, que son père n'était autre qu'un de mes frères, quant à moi, je partirai de nouveau, cherchant dans la solitude le repos de ma conscience, (*Voyant que son fils ne répond pas.*)... Acceptes-tu ?...

Maurice

J'admets qu'il vaut mieux que les choses se passent ainsi, quant à moi, j'estime qu'elle est ma sœur, et me laisser considérer pour son mari est impossible (*Abattu.*)... Adieu bonheur ! à mon tour, j'irai chercher l'oubli au loin... bien loin...

De Kerlor

(*Tendrement à son fils.*) Mon pauvre enfant, pardonne à ton père, et accepte sa confession : Je voulais te cacher la vérité sur ton origine, mais l'heure a sonné, pour ton bonheur, il faut que tu saches tout. (*Essuyant la sueur qui lui perle le front et prenant un siège.*)

Ecoute : Tu n'es pas mon vrai fils, après avoir abandonné la mère et l'enfant à qui tu viens de donner notre nom, j'étais ruiné, mais, j'avais un titre, c'est alors que j'ai rencontré ta mère qui m'apporta, en nous mariant, une dot de un million, plus toi, enfant naturel, à la condition, de te légitimer, elle me donna sa fortune. Avide de plaisirs et d'argent, je n'ai reculé devant rien, et je te donnai mon nom pendant que je méconnaissais l'enfant qui était de mon sang.

Maurice

(*Avec amertume.*) Je vois, Monsieur, qu'il est parfois plus heureux pour un enfant de n'avoir pas de nom, que d'en posséder un, payé avec autant de perfidie ; chez l'humble, chez le prolétaire, il y manque la fortune, du moins trouve-t-on, chez eux, un cœur humain et une âme généreuse.

De Kerlor

Mon enfant ! pardonne au vieillard qui t'a servi de père, je tâcherai dans l'avenir de racheter « La Faute du Passé ». Aime ta femme, croyant que tu es son cousin, elle ne t'aimera que davantage. Rendez-vous heureux le plus possible, et songe bien souvent à ton père adoptif qui souffrira de la peine qu'il vous a causé à tous deux.

SCÈNE V

De Kerlor

(*La porte s'ouvre, et Germaine paraît. Le Marquis de Kerlor s'avance et lui dit :*)
Etant l'épouse de mon fils, acceptez que je vous embrasse, ma fille : Choyez bien mon cher Maurice, c'est un grand cœur, il m'a fait vous connaître et j'apprécie hautement son choix.
Louis de Rolrek, votre père, était... mon frère, il est mort !..., vous êtes donc cousins (*Les unissant par la main.*) Aimez-vous et soyez bénis !

Germaine

Monsieur, de votre considération je saurai y rendre hommage, et accordez-moi la joie de dire, pour la première fois de ma vie : Merci père !... (*Elle l'embrasse.*)

Maurice

Que Louis de Rolrek dorme en paix, Germaine, Marquise de Kerlor, lui pardonne la « Faute du Passé ».

RIDEAU

9 782329 620565